中华诵 · 经典素读教程系列

中华国学课本

ZHONGHUA GUOXUE KEBEN

第八册

张庆华 主编

四年级 ________ 班

姓名 ____________

中 华 书 局

顾　问

舒　悦　　梁结银

主　编

张庆华

副主编

李　纯　　张美如

编　委

张庆华　　李　纯　　张美如　　谭曦文

徐　宏　　廖洪毅　　付晶晶　　郑曼虹

责任编辑

祝安顺

装帧设计

刘　丽　　王喜华

目录

古诗

古文

对联

编者的话

教育部2012年发布的最新修订版《小学语文课程标准》前言写道："语文课程还应通过优秀文化的熏陶感染，提高学生的思想道德修养和审美情趣，使他们逐步形成良好的个性和健全的人格，促进德、智、体、美诸方面的和谐发展。"《标准》还要求小学生背诵160篇优秀诗文。《中华国学课本》的编写，就是希望通过将丰富精深的传统文化内容课时化、情趣化、游戏化，让小学生寓学于玩，从而广泛深入地实践新语文课程标准。编写《中华国学课本》的目标，在于让孩子从道德评价、风俗习惯、交往礼仪、生活常识等方面去感受中华传统文化的独特魅力，使当代小学生能在学习过程中，正视祖国优秀的传统文化，吸取其精华，陶冶完美人格，开发自身的主体智慧，使识字、阅读、记忆、观察、思维、判断、想象、体能、灵感等方面的潜能得到更为科学、更为高效的开发和培养。

一、教材编写

（一）科学借鉴，精选适度

我们在编写教材时，尽可能实现如下目标：内容可读性强、编排线索简明、序列清晰、便于学生诵读和学习。通过对教材教法的研究，我们在"度、量、正、懂"四字上进行了反复斟酌。

1.度：要讲求分寸的把握。少儿传统文化学习要做到适当、适度、适宜、适合。课本所编选的诗歌、古文、韵文等，内容贴近儿童的生活，朗朗上口，便于记诵。

2. 量：《中华国学课本》编选内容量的确定是以不增加学生学习负担为前提的。教材每册定位 20 课时，课文 20 篇，其中古诗 6 首，古文 10 篇，韵文 4 篇。一首诗一般最多 56 字，一段短文 50 字左右，韵文如《声律启蒙》节选 80 多字，都在课堂中完成学习，当堂读、背、画完成后，不再布置其他作业。

3. 正：《中华国学课本》课程的教学目标是对少年儿童进行德育与智育，尤其是情感的培养和陶冶，把真善美的东西教给孩子们。

4. 懂：我们是在引导学生初知或粗知的基础上来安排学习、诵读的。具体做法是，让学生初知一点，不深究。在学习过程中，凡是能够让学生开心地学、爽朗地读、创造性地嬉戏的形式，都是可以尝试的。

（二）内容丰富，设计创新

在编写时，我们也注意到了课堂教学的规范性和开放教学的灵活性：低年段内容的选编，多以表现儿童生活内容的篇章为主；中高年段则根据学生的认知能力和接受程度，编选优秀传统文化中有关为人处世、修身养性的篇目。编选时，尽量做到不与其他教科书内容重复。版块设置介绍如下：

1. 诵读：诵读的方式可以是开放的，多种多样的，节奏读、韵律读、音乐读、相声版、京戏版、夫子版等都可以采用。

2. 注释：设置注释的目的是帮助学生理解，因此对妨碍理解的字、词进行简洁的注释。

3. 诗意体悟：本着浅显易懂、浅入浅出的原则，讲解诗文的内容和特色，让学生能基本了解即可，教学时也只是点到为止。

4. 阅读提示：针对所选课文的内容和特点，进行具体的阅读指导。

5. 创意空间：本版块的设置体现了体验化教学设计，课堂上师生一起以读、聊、诵、吟、画、玩的形式来进行学习。比如低年段的“我会这样涂涂画画”、中高年段的“诗情画意显身手”（我可以涂画、作诗、写对联）等，就是用读来完成学、用玩来理解意、用涂鸦等独特的创造和嬉戏，来表达和体现各自的情等，真正做到让学生体悟在诗意里，成长在无限的创造活动情趣中，既开发语言功能，又激发想象能力。

6. **汉字寻根和书写练习**：设置本版块，是希望学生通过观察、了解、欣赏、书写汉字，培养其对祖国汉字文化的喜爱之情，通过寻字、赏字、评字、写字，让学生从小养成眼中观字、心中想字、脑中记字、手写好字的优良习惯。“汉字寻根”只在古文部分设置。

7. **国学常识**：国学常识是对课文内容的补充和拓展。每册设置 3 课，所选均为中国人应知应会的国学常识，提供给学生自学，教师不进行讲解。

二、教学方法，易于操作

通过对教材的编选和教学实践，逐渐形成了系统完整、便于操作的教学模式——五步教学法，具体做法是：

1. **课前游戏学**：依据儿童爱玩的天性，在课前利用 1—3 分钟，让小组长或学习委员领同学一起吟诵、读唱、编演游戏。

2. **课中趣味学**：一看注释读，二想故事或典故读，三看阅读提示读。一是不加不减字；二是读准字音有韵味。

3. **同学玩读学**：彰显儿童的玩耍嬉戏之趣，让学生用自己喜欢的方式诵读，如节奏明快朗诵版、稚趣横溢相声版、摇头晃脑夫子版、韵律和声吟诵版等。

4. **师生同聊学**：师生同聊的课堂，聊中品读聊出情、聊中戏玩聊出趣、聊中感悟聊出智，让师生在课堂中，都能以轻松自如的状态去表达，去传递，去交流，去碰撞。

5. **诗情画意学**：课本设置有“创意空间”版块，是为了让孩子们更好地进行体验性、参与性学习，让孩子们的想象力自由地驰骋。每上完一课，孩子们心中有情、脑中有画、手中有笔，可以立即把自己的理解和想法都表现出来。

三、目标明确，积少成多

关于《中华国学课本》的使用，我们有如下建议。

一、二年级：每周利用一节正式语文课，上《中华国学课本》一课。另外利用每天的晨读时间逐渐完成《三字经》、《弟子规》、《千字文》、《百家姓》的背诵。

三、四年级：每周用一节正式语文课，上《中华国学课本》一到两课。用每天的晨读时间完成《声律启蒙》、《笠翁对韵》以及《大学》、《论语》节选的背诵。

五、六年级：每周用一节正式语文课，上《中华国学课本》一到两课。用每天的晨读时间完成《中庸》、《诗经》、《论语》、《孝经》、唐诗、宋词的选背。

这样，学生从一年级起至六年级，六年间可积累诵读约 300 多首古诗文和部分整本的经典名著。相信这些优秀篇目的学习，必将提升孩子们儒雅淳静的气质，为孩子们以后的“薄发”奠定比较扎实的基础。

四、家校互动，有效评价

在课程学习中，引入评价环节，提倡师生同评、学生自评、同伴互评、亲子共评，设置针对学生学习、教师教学、班级整体情况的测评表。

一是设计了针对学生的《中华国学课本》学习情况测评表（见附表 1），评分标准采用百分制，具体要求包括：1. 集体诵读展示，所有同学参与；2. 诵读时字正腔圆，声情并茂；3. 诵读形式多样，趣味性强；4. 分组表演中，大方自信，各展所长；5. 对《中华国学课本》的熟悉程度；6. 能进行个性创作，书、画整洁漂亮。

二是设计了针对教师使用的《中华国学课本》教学情况明细表（见附表 2）。

三是设计了针对班级整体的《中华国学课本》班级情况测评表（见附表 3），评分采用“优、良、中”等级制，具体要求为：1. 优：95% 的同学能熟练背诵，节奏感强 ；2. 良：90% 的同学能通背，正确、通顺、流畅；3. 中：80% 的同学能通背，正确、通顺、流畅。

附表 1：

《中华国学课本》学习情况测评表

班　级	诵　读	表　演	创　作	综合得分

附表 2：

《中华国学课本》教学情况明细表

<table>
<tr><td>年级 / 班级</td><td></td><td>授课老师</td><td></td><td>学生人数</td><td></td></tr>
<tr><td>规定课时</td><td></td><td>已上课时</td><td></td><td>补上课时</td><td></td></tr>
<tr><td rowspan="3">教学完成情况</td><td>学一带一</td><td colspan="4"></td></tr>
<tr><td>涂鸦创作</td><td colspan="4"></td></tr>
<tr><td>师生评价</td><td colspan="4"></td></tr>
<tr><td rowspan="4">抽查效果</td><td>熟练通背人数</td><td colspan="4"></td></tr>
<tr><td>古诗背诵效果</td><td colspan="4"></td></tr>
<tr><td>古文背诵效果</td><td colspan="4"></td></tr>
<tr><td>韵文背诵效果</td><td colspan="4"></td></tr>
<tr><td>教师教学感悟、意见及建议</td><td colspan="5"></td></tr>
</table>

附表3：

《中华国学课本》班级情况测评表

班级人数情况			诵读效果			创作效果	
班级	应到人	实到人	古诗	古文	韵文	涂鸦	诗、文创作

张庆华

2013年3月

古诗

《咏怀》、《渔家傲》中，远戍边陲的将士，他们“舍弃小家为大家”的精神让我们尊敬倾慕，他们甘愿为国捐躯的气节更让世人为之震撼。《木兰诗》讲替父从军，凯旋的木兰脱去战袍还女儿形，让浴血奋战的伙伴们刮目相看。《将进酒》告诫我们“不以物喜，不以己悲”，轻视名利，笑对人生，学会快乐地活在当下。《四时田园杂兴》描绘的情景是大自然给人类的馈赠，总能让我们感受到生活的情趣并陶醉其中。大自然对于我们的恩情正如诗句所言“谁言寸草心，报得三春晖”。《游山西村》中农家人的淳朴善良，热情待客着实让人倍感亲切而心向往之，诗人希望“拄杖无时夜叩门”也就顺情顺理了。

1 咏怀

〔魏〕阮 籍

壮士何慷慨，志欲威八荒。
驱车远行役，受命念自忘。
良弓挟乌号，明甲有精光。
临难不顾生，身死魂飞扬。
岂为全躯士，效命争战场。
忠为百世荣，义使令名彰。
垂声谢后世，气节故有常。

注 释

① 阮籍：西晋文学家。
② 乌号（háo）：良弓名。
③ 明甲：明光铠，一种良甲。
④ 谢：告。

诗意体悟

壮士们多么崇高激昂啊，他们的志向是要威震天下的。为了国家，他们远戍边陲。危急关头，奋不顾身，宁愿战死于沙场，也不会苟且偷生。他们的忠魂将流芳百世，他们的侠肝义胆将万古传扬。留下名声以告诉后人，崇高的气节必将永世长存。

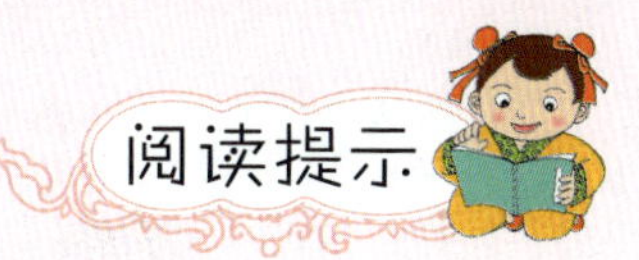

诗中塑造了一个受国家之命而义无反顾奔赴国难的将领形象，歌颂了积极奋发、勇敢豪迈的精神和忠心报国、视死如归的英雄气概，指出为国献身的精神必将留芳千古，与山河同在，与日月同辉。诗句节奏明快，朗读时，掷地有声，读出英雄气概。

创意空间

1. 我会自读、自吟，找同学一起诵读。

2. 书写练习：照样子书写下面的文字。

忠为百世荣，义使令名彰。

垂声谢后世，气节故有常。

 3. 诗情画意显身手。（我可以涂画、作诗、写对联）

2 木兰诗（节选）

北朝民歌

爷娘闻女来，出郭相扶将；
阿姊闻妹来，当户理红妆；
小弟闻姊来，磨刀霍霍向猪羊。
开我东阁门，坐我西阁床。
脱我战时袍，著我旧时裳。
当窗理云鬓，对镜帖花黄。
出门看火伴，火伴皆惊忙。
同行十二年，不知木兰是女郎。

注释

① 著：穿。
② 云鬓（bìn）：妇女柔美的鬓发。
③ 帖花黄："帖"通"贴"。花黄，古代妇女用的一种面部装饰物。
④ 火：通"伙"。

木兰替父从军胜利归来，父母互相搀扶着到城外迎接；姐姐听说妹妹回来了，对着门户梳妆打扮起来；弟弟听说姐姐回来了，忙着磨刀杀猪宰羊。木兰回到家，脱去战袍，穿上以前的衣裳，当着窗子、对着镜子整理梳妆一番。伙伴们看到她很吃惊，同行数年，竟然不知木兰是女孩。

木兰还乡与亲人团聚，一片欢乐喜庆，展现出浓郁的亲情。特别是木兰一连串的行为，更流露出她对故乡的亲切感受和对女儿妆的喜爱。一副天然的女儿情态，表现出她归来后情不自禁的喜悦；最后作为故事的结局和全诗的高潮，是恢复女儿装束的木兰与伙伴相见的喜剧场面。朗读时要洋溢着欢快、喜不自胜之感。

创意空间

 1. 我会自读、自吟，找同学一起诵读。

 2. 书写练习：照样子书写下面的文字。

脱我战时袍，著我旧时裳。

当窗理云鬓，对镜帖花黄。

3. 诗情画意显身手。（我可以涂画、作诗、写对联）

3 将进酒

〔唐〕李　白

君不见黄河之水天上来，奔流到海不复回。君不见高堂明镜悲白发，朝如青丝暮成雪。人生得意须尽欢，莫使金樽空对月。天生我材必有用，千金散尽还复来。烹羊宰牛且为乐，会须一饮三百杯。岑夫子，丹丘生，将进酒，杯莫停。与君歌一曲，请君为我倾耳听。钟鼓馔玉不足贵，但愿长醉不复醒。古来圣贤皆寂寞，惟有饮者留其名。陈王昔时宴平乐，斗酒十千恣欢谑。主人何为言少钱，径须沽取对

注释

① 将（qiāng）进酒：属乐府旧题。将，请。

君酌。五花马，千金裘，呼儿将出换美酒，与尔同销万古愁。

时光流逝，如江河入海一去不回；人生苦短，昔日少年已白头；但“天生我材必有用”，既然人生富贵不能长保，那就烹羊宰牛姑且尽情享乐。自古圣贤无不孤独寂寞，惟有寄情于美酒的人才能留下美名。陈王曹植曾在平乐观大摆酒席。牵来五花马，取出千金裘，用来换美酒，共同消融万古长愁！

这首诗篇幅不算长，气势却不凡。它笔酣墨饱，情极悲愤而狂放，语极豪纵而沉着。全篇大起大落，诗情由悲转乐、转狂放、转愤激、再转狂放，最后以“万古愁”回应篇首，让人不由地叹服诗人的豪壮。整首句式长短参差，节奏奔放跌宕，将对酒诗情挥洒得淋漓尽致。“天生我材必有用”，豪情万丈，朗读时，且悲且乐，语调缓急交错。

1. 我会自读、自吟，找同学一起诵读。

 2. 书写练习：照样子书写下面的文字。

君不见黄河之水天上来，奔流到海不复回。

天生我材必有用，千金散尽还复来。

 3. 诗情画意显身手。（我可以涂画、作诗、写对联）

4 四时田园杂兴

〔宋〕范成大

（一）

放船闲看雪山表，
风定奇寒晚更凝。
坐听一篙珠玉碎，
不知湖面已成冰。

（二）

静看檐蛛结网低，
无端妨碍小虫飞。
蜻蜓倒挂蜂儿窘，
催唤山童为解围。

注释

① 坐听：只听。
② 珠玉碎：形容船篙触冰的声音。

诗意体悟

（一）：乘坐在行船上远眺雪山顶，尽管风停了，但是临近傍晚寒气更加凛冽。坐在船上听船篙划过湖面，发出珠玉撞碎一样的声音，才知道湖面早已结冰了。

（二）：蜘蛛在房檐下编织它那低矮的网，无端地妨碍了小虫飞行。蜻蜓和蜂儿一不留神撞在蜘蛛网上，主人见了急忙唤回玩性正浓的孩子为这些小生灵解围。

（一）：严冬到来，风雪肆虐，“闲看雪山表”，满山的皑皑白雪顿时在眼前展现；“奇寒晚更凝”如一阵寒气迎面扑来，给人以冷飕飕之感。而此时传来船篙撞碎冰面的声音，清脆悦耳，让人无比新奇、兴奋，寒冷之意顿时烟消云散。第一句可读得舒缓一些，读出凉意；第二句要读得活泼欢快，充满欣喜之情。

（二）：描写了一个自然小场景：蜘蛛檐下结网，困住蜻蜓、蜂儿，主人赶忙唤山童解围，闲适中又有几分紧张，很有生活情味。朗读时要活泼快乐，充满情趣。

 1. 我会自读、自吟，找同学一起诵读。

 2. 书写练习：照样子书写下面的文字。

坐听一篙珠玉碎，不知湖面已成冰。

蜻蜓倒挂蜂儿窘，催唤山童为解围。

3. 诗情画意显身手。（我可以涂画、作诗、写对联）

5 游山西村

〔宋〕陆　游

莫笑农家腊酒浑，
丰年留客足鸡豚。
山重水复疑无路，
柳暗花明又一村。
箫鼓追随春社近，
衣冠简朴古风存。
从今若许闲乘月，
拄杖无时夜叩门。

注　释

① 腊酒：腊月酿的酒。
② 足鸡豚（tún）：准备了丰盛的菜肴。豚，小猪，代指猪肉。
③ 春社：古代把立春后第五个戊日作为春社日，拜神祈福。

诗意体悟

不要笑话农家的腊酒浑浊，丰年里有的是鸡鸭鱼肉款待客人。走了一重重山，又一道道水，正担心没路可走时，一个村庄出现在眼前。春社的日子就要到了，处处响着箫声和鼓声，人们古风尚存。如果还允许我趁着月色来访，天黑时我会随时拄着拐杖来敲门。

这首诗生动地描画了一幅色彩明丽的农村风光图。诗人陶醉在山西村人情美、风物美、民俗美中，表现了对田园生活的喜爱和恋恋不舍的情感。朗读时，语调活泼、欢快，充分体现出山村生活的乐趣和农民的淳朴好客。

创意空间

1. 我会自读、自吟，找同学一起诵读。

2. 书写练习：照样子书写下面的文字。

山重水复疑无路，柳暗花明又一村。

箫鼓追随春社近，衣冠简朴古风存。

3. 诗情画意显身手。（我可以涂画、作诗、写对联）

6 渔家傲

〔宋〕范仲淹

塞下秋来风景异，衡阳雁去无留意。四面边声连角起。千嶂里，长烟落日孤城闭。　　浊酒一杯家万里，燕然未勒归无计。羌管悠悠霜满地。人不寐，将军白发征夫泪。

注释

① 范仲淹：北宋政治家、文学家。

② 塞下：边境要塞之地，此指西北边疆。

③ 嶂：直立如屏的山峰。

④ 燕然：山名，即今蒙古境内的杭爱山。

诗意体悟

秋天，西北边塞寒风萧瑟，大雁南飞，显得格外荒凉。边防凄厉的号角声，日落千嶂，长烟锁山，孤城紧闭，此时此景勾起将军无尽的思乡之愁。但想到边患未平，功业未成，归期无定，更是思潮翻滚，难以入眠，愁更难堪，情更凄切。

这首词表现了戍边将士思念故乡，矢志保卫祖国的真挚情感。一个长期戍边的老将，惦念亲人和家乡是很自然的。但在念家与报国的矛盾中，他以卫国为重，毅然尽忠职守。朗读时，语气坚定而略带忧愁，体现出将军矛盾而复杂的心情。

创意空间

 1. 我会自读、自吟，找同学一起诵读。

 2. 书写练习：照样子书写下面的文字。

浊酒一杯家万里，燕然未勒归无计。羌管悠悠霜满地。人不寐，将军白发征夫泪。

3. 诗情画意显身手。（我可以涂画、作诗、写对联）

中华陶瓷文化

女娲捏黄泥造人的故事在中国可谓家喻户晓。传说女娲从一开始时用黄泥捏成一个个“小泥人”，到后来觉得太慢，就用树藤甩泥浆，向空中散去，一个个小泥点就变成了一个个“小人”。在这个故事里，我们看到了“陶泥”的影子。

中国制造瓷器的历史比欧洲早了一千多年。传统的陶瓷别具一格，有釉色的、刻镂的，还有各种模印，工艺极其复杂精细。陶瓷工匠们仔细地观察大自然的一景一物，用自己的一双巧手，在瓷器上描绘出许许多多精美的花纹，令世人叹为观止，以至于在英文里，“中国”和“瓷器”都是同一个单词。

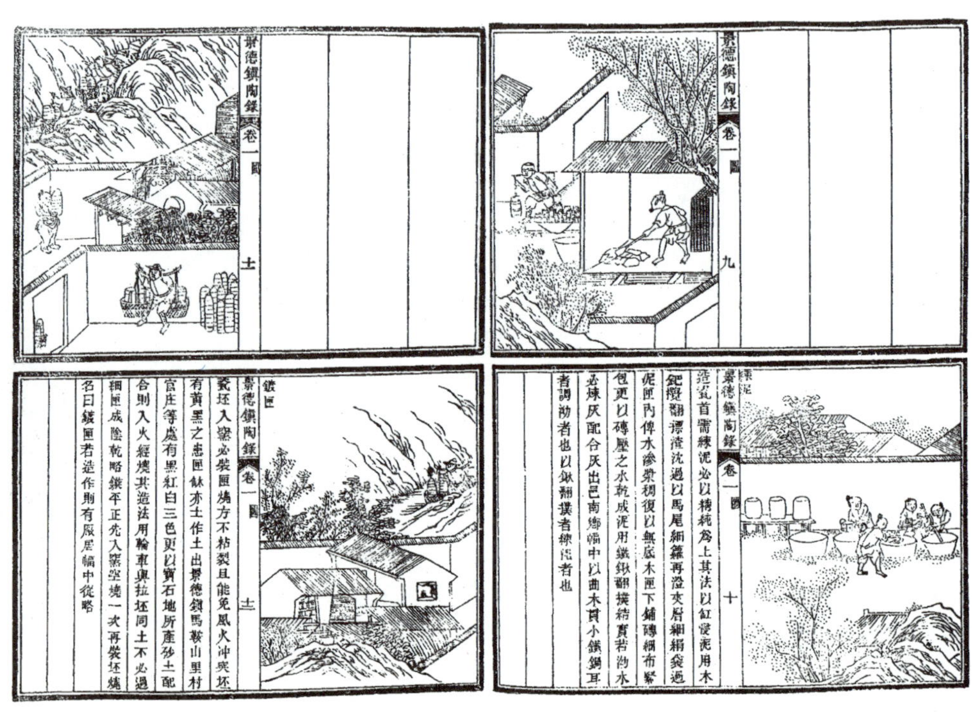

《景德镇陶录》中制陶场景

世界第八大奇迹之兵马俑

陶器的代表——俑

中国古代社会，一直都有厚葬之风。商周时期的君王喜欢用人殉葬，到了春秋战国时期，人们逐渐开始用陶瓷做成人偶来陪葬，这些人偶被称为“俑”。汉代陶俑分布很广，在河南、河北、山东、广东等地的两汉墓葬中都有不同品种、不同地域风格的陶俑出现。在当时的社会，上到王公贵族、下到平民百姓，都习惯陶俑陪葬。著名的兵马俑就是秦始皇的陪葬品，由于规模宏大，制作精巧，兵马俑的发现被誉为“世界第八大奇迹”。

瓷器的代表——青花

同学们一定都听过《青花瓷》这首歌吧？青花瓷是中国瓷器的一种，被誉为“人间瑰宝”。明清时期，青花瓷已经成为了中国的名瓷，特别是产于景德镇的青花瓷茶具，可谓是茶具中的上成之品。

青花瓷晶莹明快、蓝白相映，隐约中的美令人难以忘怀。不仅深受国人喜爱，也扬名海外。航海家郑和下西洋时，每次都携带大批青花瓷，不少珍品被收藏在英、美等国家的博物馆。

如今，陶瓷产品已不仅仅局限于餐具、茶具等

元青花瓷

青花缠枝莲梅瓶

物品，各类器具物品中，都可以看到青花靓丽的身影。在你的家中，你还能发现哪些东西是用陶瓷做成的吗?

古文

本册古文将给我们带来更多的智趣，更多的玄妙。走进其中，体会“诚”的内涵，诚是“毋自欺”的真实；是“非自成己而已也，所以成物也”的善智；是“进德修业”的忠信。感受“学”的重要，“伎之易习而可贵者，无过读书也”，知晓循序渐进的为学之道，“良冶之子必学为裘，良弓之子必学为箕”。领悟“友”的智慧，与朋友相处要“见善，修然必以自存也；见不善，愀然必以自省也”，只有“敬而无失，与人恭而有礼”的人方能寻到很多心灵契合的知己。

7 诚意

所谓诚其意者：毋自欺也，如恶恶臭，如好好色，此之谓自谦，故君子必慎其独也！小人闲居为不善，无所不至，见君子而后厌然，掩其不善，而著其善。人之视己，如见其肺肝然，则何益矣。

《大学》节选

所谓诚实自己的意念，是说不要自己欺骗自己，就像厌恶恶臭气味、爱好美色那样自然真实。这样诚实不欺，才称得上是自我满足。为了做到诚实不欺，君子独处时必戒慎自己。小人平日闲居时为非作歹，没有哪样坏事做不出来。及至见到君子，然后掩藏不光彩的行径，而故意显露他的“善良”，却不知别人看自己如同看见自己的肺肝一样，那装模作样又有什么益处呢！

这段话如故事般娓娓道出“慎独”之必要。初读此文需耐心正其字音；再读此文需静心品其话中之意；三读此文需诚心悟其言外之意。诵读时把握好长句的停顿，如：“见君子/而后厌然掩其不善/而著其善”，以澄明的心境入文，读出诚然告诫之味。

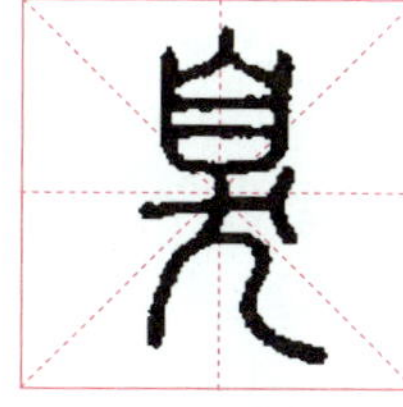
小 篆

隶 书

草 书

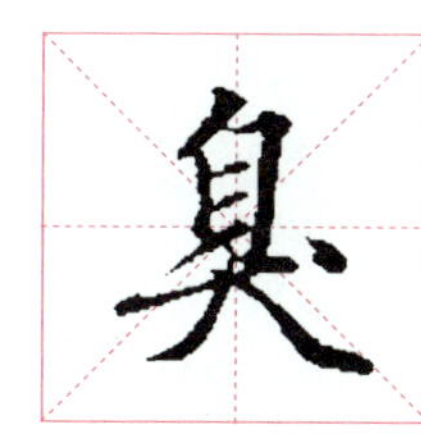
行 书

楷 书

臭：字形是鼻子加上小狗，形象地表示了“闻气味”这个意思。后来，“臭”用来表示“不好的气味”，人们又创了一个“嗅”字来表示“闻气味”的含义。

 1. 我会自读、自吟，找同学一起诵读。

2. 书写练习：照样子书写下面的文字。

所谓诚其意者，毋自欺也，如恶恶臭，如好好色，此之谓自谦，故君子必慎其独也！

3. 诗情画意显身手。（我可以涂画、作诗、写对联）

8 成　物

诚者自成也，而道自道也。诚者物之终始，不诚无物，是故君子诚之为贵。诚者非自成己而已也，所以成物也。成己，仁也；成物，知也。性之德也，合外内之道也，故时措之宜也。

注释

① 知：通“智”。

《中庸》节选

诚是自我完成的，而道是自己履行的。诚的精神通贯万物的始终，不诚就没有事物了，所以君子最重视诚。至诚的人不仅自我完成，还要用以成就外物。成就自己属于仁，成就外物属于智。仁和智都是本性固有的品德，成己成物是内外结合的方式，所以随时运用都能适宜。

读这段话，我们能感受到“诚者自成”与“道自道”的玄妙，在“成己”与“成物”的对比阐释中，领悟“至诚”的内蕴，带着思考，反复品读其耐人寻味之处。“诚者物之终始，不诚无物，是故君子诚之为贵。”逐渐明朗，会有心领神会之感。行至文末，“仁”、“爱”之情溢于言表。

小篆

隶书

草书

行书

楷书

物：本义指“杂色的牛”，后来也指“杂色的帛”。现在，人们用这个字来代指身边各种各样的东西，也就是“物品”。

创意空间

1. 我会自读、自吟，找同学一起诵读。

 2. 书写练习：照样子书写下面的文字。

诚者自成也，而道自道也。诚者物之终始，不诚无物，是故君子诚之为贵。诚者非自成己而已也，所以成物也。

 3. 诗情画意显身手。（我可以涂画、作诗、写对联）

古文

9 圣智

唯天下至圣，为能聪明睿知①，足以有临也；宽裕温柔，足以有容也；发强刚毅，足以有执也；齐②庄中正，足以有敬也；文理密察，足以有别也。溥博渊泉，而时出之，溥博如天，渊泉如渊。

《中庸》节选

注释

① 知：通“智”。
② 齐：通“斋”。

译文

唯天下最圣明的人，才能做到聪明智慧，足以监临下民；宽裕温柔，足以包容天下；精神奋发，刚强坚毅，足以操持决断国政；仪态端庄，秉心中正，足以敬业敬贤；文字条理缜密明察，足以辨别是非曲直。圣人之德广博深沉，而随时出现于外，广博得如同天空，深沉得如同潭水。

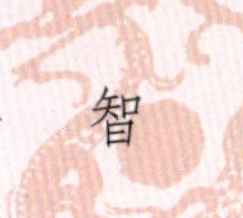

怀揣崇尚敬仰之心品读这段话，感受“临”的大气，“容”的宽厚，“执”的果敢，“敬”的平和，“别”的细致。诵读时，抓住五个“足以有”，需在语速、语调、语气、神情方面有所变化，或收或放，或抑或扬，或缓或急。

小 篆

隶 书

草 书

行 书

楷 书

圣：字中有耳朵，有口，也有人。古人在告诉我们：善于倾听，勇于表达自己的人就能成为“圣人”。“圣”就是指那些耳聪口辩、聪明非凡的人。

创意空间

1. 我会自读、自吟，找同学一起诵读。

2. 书写练习：照样子书写下面的文字。

唯天下至圣，为能聪明睿知，足以有临也；宽裕温柔，足以有容也；发强刚毅，足以有执也；齐庄中正，足以有敬也……

3. 诗情画意显身手。（我可以涂画、作诗、写对联）

10 恭　敬

司马牛忧曰："人皆有兄弟，我独亡。"子夏曰："商闻之矣：死生有命，富贵在天。君子敬而无失，与人恭而有礼。四海之内，皆兄弟也。君子何患乎无兄弟也？"

《论语·颜渊》

注　释

① 亡：通"无"。
② 四海：代指天下。
③ 患：忧虑、担心。

司马牛忧愁地说道："别人都有好兄弟，单单我没有。"子夏道："我听说过：死生听之命运，富贵由天安排。君子只要对待工作严肃认真，不出差错，对人恭敬而合乎礼节，天下之大，到处都是好兄弟。君子又何必着急没有好兄弟呢？"

这段话旨在告诉我们君子不要担心没有朋友兄弟，一个懂得恭敬，崇尚礼仪的人，自然能寻到很多心灵契合的知己。因此，诵读时应突出——“君子/敬而无失，与人/恭而有礼”。末句“四海之内，皆兄弟也”，宽阔的心胸，化作劝慰之辞，少了几许高亢，多了几分真诚。

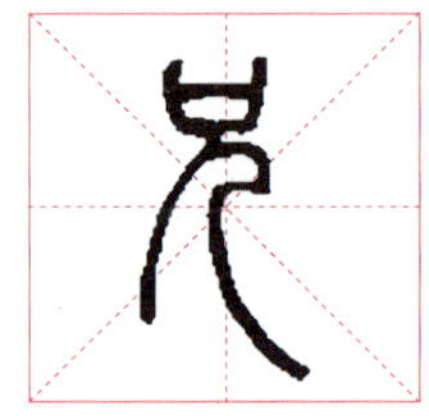				
小篆	隶书	草书	行书	楷书

兄：字形像一个人仰着头，张大嘴巴，跪在地上祈祷的样子。最早的“兄”其实是后来的“祝”，表示“祈祷”、“祈告”，并非“兄长”的意思。

创意空间

1. 我会自读、自吟，找同学一起诵读。

2. 书写练习：照样子书写下面的文字。

君子敬而无失，与人恭而有礼。四海之内，皆兄弟也。君子何患乎无兄弟也？

3. 诗情画意显身手。（我可以涂画、作诗、写对联）

11 孝悌

孟子曰："仁之实，事亲是也；义之实，从兄是也；智之实，知斯二者弗去是也；礼之实，节文斯二者是也；乐之实，乐斯二者，乐则生矣；生则恶可已也，恶可已，则不知足之蹈之，手之舞之。"

《孟子·离娄上》节选

孟子说："仁的主要内容是侍奉父母；义的主要内容是顺从兄长；智的主要内容是明白这两方面的道理而坚持下去；礼的主要内容是对这两者既能合宜地加以调节，又能适当地加以修饰；乐的主要内容是从这两者中得到快乐，快乐就会发生了；快乐一发生就无法休止，无法休止就会不知不觉地手舞足蹈起来。"

本篇句式整齐，句末顶针的妙用又为诵读增添了几分趣味。“仁”、“义”、“礼”、“智”、“乐”简单而深刻的阐述中，隐藏着真挚的“孝”。诵读时，带着诚心入文，读出恭顺，读出理解，读出轻快。当仁孝渗到内心，美好快乐之情自然生发，带着这样的情绪吟之歌之。

小篆

隶书

草书

行书

楷书

舞：字形像一个人拿着牛尾巴跳舞，写作“無”。后来被用来表示“没有”，于是人们又加上双脚的影子，再创了一个“舞”字。

1. 我会自读、自吟，找同学一起诵读。

 2. 书写练习：照样子书写下面的文字。

孟子曰："仁之实，事亲是也；义之实，从兄是也；智之实，知斯二者弗去是也……"

 3. 诗情画意显身手。（我可以涂画、作诗、写对联）

12 志　学

良冶之子必学为裘，良弓之子必学为箕，始驾马者反之，车在马前。君子察于此三者，可以有志于学矣。

君子曰：大德不官，大道不器，大信不约，大时不齐。察于此四者，可以有志于学矣。

《礼记·学记》节选

优秀铁匠的儿子，先学习补缀兽皮，练习拼补手艺，再学补冶铁器就容易了。优秀弓匠的儿子，先学习软化柳条编制簸箕，练习矫揉手艺，再学做弓就容易了。刚学驾车的小马，先在马车后随行，再让它驾车，就不会惊慌。君子由此领悟由浅入深、循序渐进就可以立志向学了。

君子说："大的才德能专治官务，大的道理能涵盖事物，大的信用不需体现在文约上，大的天时，春温夏热秋凉冬寒，并不整齐一致。由此就能立志向学了。"

阅读提示

这两段话都讲的是“为学”之道，第一段话以“为裘”、“为箕”、“驾马”为喻，阐述为学的道理，形象而生动。第二段话从“大德”、“大道”、“大信”、“大时”出发，告诉我们立志向学需从大处着眼，深刻而精辟。诵读时，带着思考，领悟其中的智慧，读出大气。

汉字寻根

		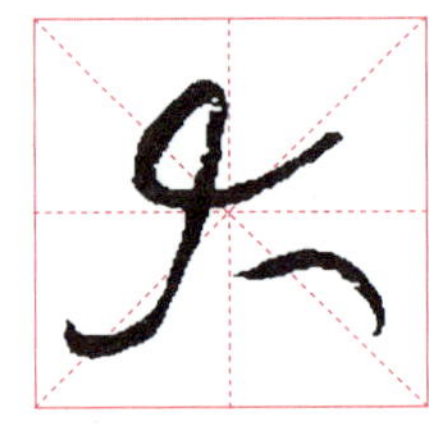	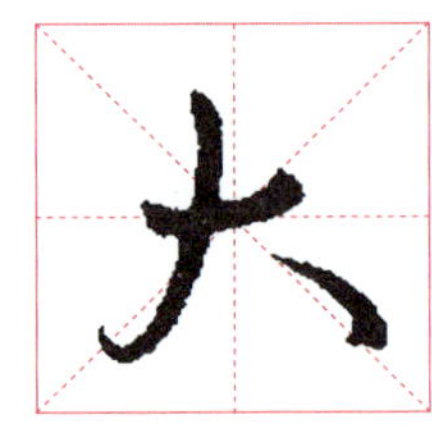	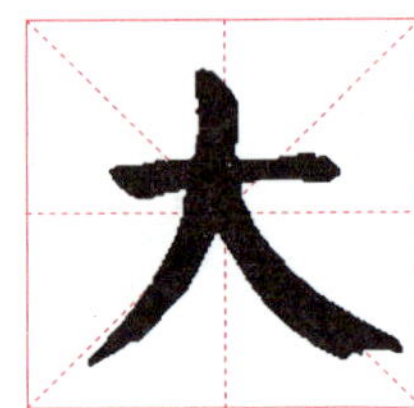
小 篆	隶 书	草 书	行 书	楷 书

大：像一个张开双臂站立的人。我们的祖先认为人是万物之灵，十分伟大，就借用人的形象，来表示“大”的含义。

创意空间

 1. 我会自读、自吟，找同学一起诵读。

 2. 书写练习：照样子书写下面的文字。

君子曰：大德不官，大道不器，大信不约，大时不齐。察于此四者，可以有志于学矣。

 3. 诗情画意显身手。（我可以涂画、作诗、写对联）

13 显质

信言不美，美言不信。善者不辩，辩者不善。知者不博，博者不知。圣人不积，既以为人，已愈有；既以与人，已愈多。

天之道，利而不害。圣人之道，为而不争。

《道德经》第八十一章

注释

① 既：尽，全部。

真实的话语不华丽，华丽的言词不真实。善良的人不巧辩，巧辩的人不善良。有真知的人未必广博，广博的人未必有真知。圣人不积累财物，尽力帮助他人，自己更富有；全部给与他人，自己更加多。

自然的法则，是利物而不害物；圣人的法则，是帮助而不争夺。

这段话在巧妙的回环对比中阐释了“为而不争”的道理。细细品味“信与美”、“善与辩”、“智与博”、“利与害”、“为与争”的不同，一种向善求真的美好情感萦绕于心，在富有节奏和韵味的对读之中，或至真至诚的吟咏之中，表达出“信言”、“善者”、“知者”、“圣人”的纯厚质朴，清净无为。

小篆

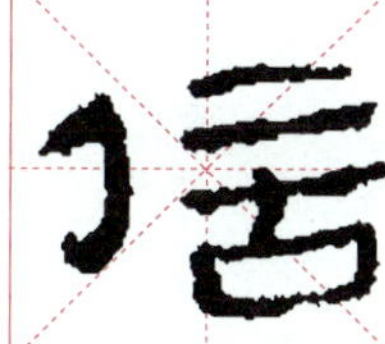
隶书

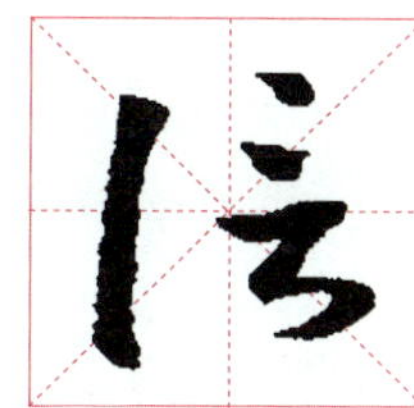
草书

行书

楷书

信：最早的写法是“人”加“口”，指那些用语言传递的信息。古人很重视信息是否真实，所以“信”又被引申为“真诚而不虚伪”，成为人们所推崇的一种美德。

1. 我会自读、自吟，找同学一起诵读。

 2. 书写练习：照样子书写下面的文字。

信言不美，美言不信。善者不辩，辩者不善。知者不博，博者不知。圣人不积，既以为人，己愈有……

 3. 诗情画意显身手。（我可以涂画、作诗、写对联）

14 德　业

子曰："君子进德修业。忠信，所以进德也；修辞立其诚，所以居业也。知至至之，可与几①也；知终终之，可与存义也。是故居上位而不骄，在下位而不忧。"

《周易·乾·文言》节选

注　释

① 几：动之微，事变的端始。

孔子说："君子为增进德性而建功立业。持守忠贞与诚信，是为了增进德行；学习文辞建立诚意，是为了成就基业。君子预先明了事业发展到某种程度，从而努力做到某种程度，就有了预见事业几微的能力。君子明了事业将会有某种结果，从而努力做到某种结果，就可以保存事业正当的义利。所以，君子居于高位而不傲慢，处于低位而不苦恼。"

“自天子以至于庶人，壹是皆以修身为本”。修身以进德，进德而立业。《周易》的这段话道出了进德修业的根本。读前两句，持中正之心，怀敬畏之情，读出坚定，读出诚意。谨言慎行故能不骄不忧，后两句以平和淡定之心，读得从容自若。

小篆

隶书

草书

行书

楷书

业：指的是古代乐器架子上悬挂钟、鼓、磬等的大版。古代用来装订书册的竹板也可叫做“业”，所以古人就把读书之事称作“业”，后来又由“学业”引申为“事业”。

创意空间

1. 我会自读、自吟，找同学一起诵读。

2. 书写练习：照样子书写下面的文字。

子曰："君子进德修业。忠信，所以进德也；修辞立其诚，所以居业也。知至至之，可与几也……"

3. 诗情画意显身手。（我可以涂画、作诗、写对联）

15 技艺

夫明六经之指，涉百家之书，纵不能增益德行，敦厉风俗，犹为一艺，得以自资。父兄不可常依，乡国不可常保，一旦流离，无人庇荫，当自求诸身耳。谚曰："积财千万，不如薄伎在身。"伎之易习而可贵者，无过读书也。

《颜氏家训·勉学》节选

读懂六经的要旨，弄通百家的书册，即使不能修炼个人德行，改变社会风气，至少还能掌握一门学问，可以靠它自谋生路。父亲、兄长不能长期依靠，家乡也不可能常保无事，一旦颠沛流离，没有人保护，只好靠自己了。谚语说："家财万贯，不如一技在身。"技艺中容易学习而且值得崇尚的，没有比读书更好的了。

“古今家训，以此为祖”，可见《颜氏家训》对后世的重要影响。细细品读本文，发现文中诸多四字词组，如“六经之指”、“百家之书”、“增益德行”等，找出这些词，诵读的节奏自然明了，且易熟记于心。以向学之心聆听其语重心长的谆谆教诲。

			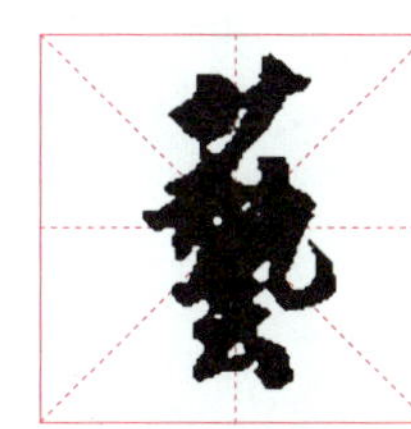	
小　篆	隶　书	草　书	行　书	楷　书

艺：最早的意思是表示“种植”。在小篆字形中，一个面朝左边，双手举起的人，他的手里还拿着一颗禾苗正往土里种，是不是很形象呢？

创意空间

 1. 我会自读、自吟，找同学一起诵读。

 2. 书写练习：照样子书写下面的文字。

父兄不可常依，乡国不可常保，一旦流离，无人庇荫，当自求诸身耳。谚曰："积财千万，不如薄伎在身。"

 3. 诗情画意显身手。（我可以涂画、作诗、写对联）

16 隆师亲友

见善，修然必以自存也；见不善，愀然必以自省也；善在身，介然必以自好也；不善在身，菑然必以自恶也。故非我而当者，吾师也；是我而当者，吾友也；谄谀我者，吾贼也。故君子隆师而亲友，以致恶其贼。

《荀子·修身》节选

看到别人好的品行，要检查自己是否有这样的品行，然后整修自己；看到别人不好的品行，要反省自己；自己身上具备了好的品质要珍惜；沾染不好的品质，要像讨厌肮脏东西一样把它抛弃掉。因此，正确指出我的缺点的人是我的老师；正确评价我的人是我的朋友；奉承我的人是害我的人。所以，君子敬老师而亲朋友，讨厌害人的人。

“见善思齐，见不善而内自省也。”君子重修身，故能不断进步而近圣贤。怀着向善之心入文，抓住“自存”与“自省”，“自好”与“自恶”，“隆师亲友”与“致恶其贼”的类比，读出句式的变化。

小篆	隶书	草书	行书	楷书

省：最早是写作“眚”的，表示“视察”或“察看”。但在古文中，“省”要读作“xǐng”，“眚”要读作“shěng”，今天的“省”字两个读音都有，不同的读音代表的含义也是不同的。

创意空间

 1. 我会自读、自吟，找同学一起诵读。

2. 书写练习：照样子书写下面的文字。

见善，修然必以自存也；见不善，愀然必以自省也；善在身，介然必以自好也……

3. 诗情画意显身手。（我可以涂画、作诗、写对联）

阳光体育 健康人生

在很久以前，中国就有了“射礼”这一体育运动项目。在山西峙峪人文化遗址中，曾出土了一件距今28000年的石头箭头，这可以看出当时的人类已经在使用弓箭了。

体育运动包括田径、球类、武术、滑冰、体操、射击等项目，这些项目不仅可以强身健体，而且可以拉近人与人之间的感情，很多团体运动都需要大家彼此团结一心才能顺利完成。

中国传统体育项目

在中国，最深入人心的运动就是被称为“国术”的武术了。中国武术声名远扬，是打拳和使用兵器的技术。它是由先人们徒手搏斗演变而来的，将踢、打、摔、拿、跌、击、劈、刺等动作有机地结合起来，变成了有规律可循的套路，可用来防范敌人。由于武术是人们在长期的社会实践中创造出来的，所以它有着广泛的群众基础，也是我国一项宝贵的文化遗产。

放风筝是孩子们很喜欢的一项户外活动。相传最早是墨子用木头制成木鸟，后来的鲁班进行了改进，用竹子做成了风筝。随着时间的推移，风筝的材质和制作方式都有了很大的变化，唯一不变的是风筝给人们带来的无穷乐趣。如今还是供人们欣赏的艺术佳品，在“风筝之都”山东潍坊，还有专门的风筝博物馆呢。

（明）仇英《四季仕女图》

荡秋千本是山戎人训练攀爬能力的一种活动。相传齐桓公在北伐时发现了这种运动，觉得十分有趣，就将其带回了中原，成为了男女老少都喜爱的运动。

蹴鞠曾是民间最流行的运动，类似于今天的足球。唐朝时期经常会举行大型的蹴鞠比赛，那可是众人关注的盛会呢。

无论是哪种运动，最重要的目的在于增强人的体质。体育运动本身也蕴藏着无穷的乐趣。把运动与娱乐相结合，在运动中体验快乐。《庄子·养生主》里提到，说体育是通过各种方法增强体质、预防疾病，从而达到延年益寿的一种活动。

生命在于运动，同学们，你们喜爱什么样的运动呢？你能自己设计一些有趣的运动项目和小伙伴们一起动起来吗？

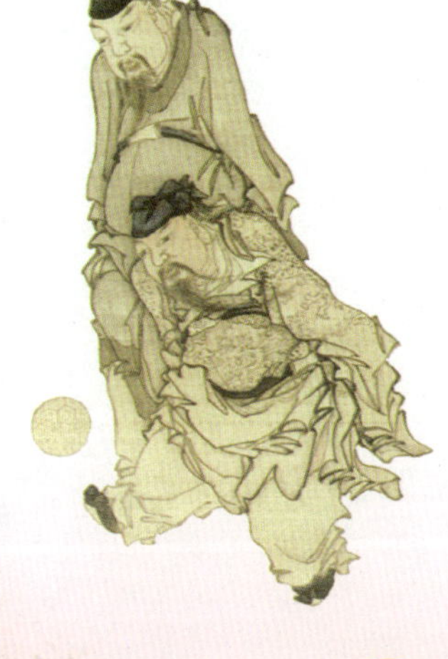

（清）黄慎《蹴鞠图》

对联

同学们，这一册对联分为景色联、励志联、典故联和春联。学习中，注意认真阅读和理解对联中的典故，同时要根据课文的要求认真做好每一项活动来加强自己的学习效果。通过学习来提高我们的审美情趣，加强我们的个人修养，做一个谦谦君子。看谁学得快、学得活，写得好。

17 景色联

有月即登台，无论春秋冬夏；是风皆入座，不分南北西东。

〔清〕李　渔

凭栏看云影波光，最好是红蓼花疏，白蘋秋老；把酒对琼楼玉宇，莫辜负天心月满，水面风来。

〔清〕彭玉麟

风风雨雨，暖暖寒寒，处处寻寻觅觅；燕燕莺莺，花花叶叶，卿卿暮暮朝朝。

苏州网师园联

有三分水，四分竹，添七分明月；从五步楼，十步阁，望百步长江。

〔清〕黄遵宪

黄遵宪巧对讽祖父

鸦片战争前夕，黄遵宪的祖父也染上了抽鸦片的坏毛病。小小的黄遵宪特别反感，也很为祖父的健康担忧。有一次，他的祖父又上了烟瘾后得意地说：“龙呵气而成云。”站在一旁的黄遵宪早就想劝祖父改掉恶习，于是，他趁机答联劝说：“蚕吐丝以自缚。”祖父听了，心想，连这么小的孩子对吸鸦片都如此深恶痛绝，我真是自跳陷阱呀！从此他就下定决心，改掉抽鸦片的恶习。

“月登台”、“风入座”，“春秋冬夏”、“南北西东”，充满悠游天地间的闲情雅趣。读法为“有月/即登台，无论/春秋/冬夏；是风/皆入座，不分/南北/西东”。彭玉麟联对仗极为工整，很有节奏感，读来和谐动人。第三联独具特色，读来声韵明快，含义深长，倒读还是一副很好的回文联。而黄遵宪的对联巧用数词和重复使用“分”、“步”，读来既有气势又有余味。

 1. 我会自读、自吟，找同学一起诵读。

 2. 书写练习：照样子书写下面的文字。

凭栏看云影波光，最好是红蓼花疏，白蘋秋老；把酒对琼楼玉宇，莫辜负天心月满，水面风来。

 3. 诗情画意显身手。（我可以涂画、作诗、写对联）

有鹤松皆古；

18 励志联

精神到处文章老，学问深时意气平。

〔清〕石韫玉

有志者，事竟成，破釜沉舟，百二秦关终属楚；苦心人，天不负，卧薪尝胆，三千越甲可吞吴。

〔明〕胡寄垣

发奋识遍天下字；立志读尽人间书。

〔宋〕苏　轼

何物动人，二月杏花八月桂；有谁催我，三更灯火五更鸡。

〔清〕彭元瑞

典　故

苏东坡写对联

苏东坡年轻时仗着自己聪明机敏，便渐渐骄傲起来。一年春节，他作了一副春联：识遍天下字；读尽人间书。瞧这口气，真有“天下第一”的样子。

这天，一位白发老者登门拜访，递给他一本书。苏东坡接过书，翻开第一页，头一行就读不下去了。他越往下看，生字越多。立刻脸上红一阵，白一阵，脑门汗涔涔的。老人说：“怎么，这些字连苏才子也不认识呀？”说完笑吟吟地走了。苏东坡呆若木鸡，半天才恍然大悟，赶忙添了几个字，重新写成这副门联：发奋识遍天下字；立志读尽人间书。

阅读提示

石韫玉的对联言简意明，用词精警，勉人励己，语句和谐，读来舒坦。而胡寄垣的对联对仗工整，立意深刻，发人深思，催人奋进。用典灵活有新意，上下联呼应自然，一气呵成，如行云流水。苏东坡联语言简而意明，激励读书人发奋进取，用语平实。二月杏，八月桂，良辰美景莫辜负；三更灯火五更鸡，正是男儿读书时。彭元瑞的自题联激励人们勤勉读书，努力向上，语句亲切，平易近人。

创意空间

1. 我会自读、自吟，找同学一起诵读。

 2. 书写练习：照样子书写下面的文字。

发奋识遍天下字；立志读尽人间书。

何物动人，二月杏花八月桂；有谁催我，三更灯火五更鸡。

 3. 诗情画意显身手。（我可以涂画、作诗、写对联）

海内存知己；

19 典故联

魏无忌，长孙无忌，彼无忌，尔亦无忌；蔺相如，司马相如，名相如，实不相如。

〔明〕于 谦

水底日为天上日，眼中人是面前人。

〔宋〕寇 准 杨大年

出水蛙儿穿绿袄，美目盼兮；落汤虾子着红袍，鞠躬如也。

〔元〕高 明

坐北向南吃西瓜，皮朝东甩；思前想后读左传，书往右翻。

〔明〕董汉儒

董汉儒巧对

明朝万历年间，一年秋天，少年才子董汉儒进京赶考，途经一片西瓜地，想买西瓜吃。瓜农看他像是赶考的样子，便打趣说：“我出上联，你能对得上，吃瓜不要钱。”于是瓜农出句：“坐北向南吃西瓜，皮朝东甩。”董汉儒随即对道：“思前想后读左转，书往右翻。”二人相视大笑。

于谦的对联是嵌名联，上下联词性相对，意思明白而关联，对仗工整，有内涵，“无忌”和“相如”的重复使用，不仅不拖沓，反而通畅有味。“水底日”、“眼中人”，“天上日”、“面前人”，寇准联中上下句都运用了影像虚实结合的手法，颇有意境。高明以“蛙儿”、“虾子”借喻对方，形态描摹得维妙维肖。“蛙儿”与“娃儿”，“虾子”与“瞎子”，有谐音之妙。最后一联中的前后左右，东南西北，都是方位词，对仗工整，且词意贴切，读来不觉情趣盎然。

1. 我会自读、自吟，找同学一起诵读。

 2. 书写练习：照样子书写下面的文字。

水底日为天上日；眼中人是面前人。

出水蛙儿穿绿袄，美目盼兮；落汤虾子着红袍，鞠躬如也。

 3. 诗情画意显身手。（我可以涂画、作诗、写对联）

为善无不报；

20 春联

日望赣江千里帆；夜观庐陵万盏灯。

〔明〕解 缙

坐看吴粤两山色；默契羲文千古心。

〔宋〕真德秀

除夕月无光，点数盏灯为乾坤增色；新春雷未动，鸣一声炮替天地扬威。

〔宋〕苏 轼 苏小妹

明日逢春好，不晦气；新年倒运少，有余财。

〔明〕祝枝山

祝枝山写春联

从前，杭州过年时每家门口都要贴一副不写字的红纸对幅，取其一年平安无事之意。一年除夕夜，江南才子祝枝山见一财主家丁在逼债，心觉不平，夜深拿笔在财主无字条幅上写上："明日逢春好不晦气，新年倒运少有余财。"并写上祝枝山题。财主见联，十分生气，便告祝枝山，而祝枝山却说是给财主的贺年好话，两人争辩不休，于是请来当地的饱学之士裁断是非。决定双方以五十两银子做诉讼费。祝枝山将此对联读为："明日逢春好，不晦气。新年倒运少，有余财。"财主输了官司，只得把银子交给祝枝山。

"日望"、"夜观"，"千里帆"、"万盏灯"，解缙此联纯朴自然，表现了作者的胸襟和雅兴。坐看两座山，默契千古心。上联写景，下联抒怀，真德秀的联语端庄典雅，立意清新。苏氏兄妹的春联明俊深邃，读来既有顿挫感又有朗朗气势。"逢春好"、"不晦气"、"倒运少"、"有余财"，背后的故事充分展示了祝枝山的聪慧睿智，体现出此联构思的精妙。此联语言轻松愉快，平时而又富有美感。

 1. 我会自读、自吟，找同学一起诵读。

2. 书写练习：照样子书写下面的文字。

日望赣江千里帆；夜观庐陵万盏灯。

明日逢春好，不晦气；新年倒运少，有余财。

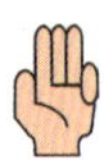

3. 诗情画意显身手。（我可以涂画、作诗、写对联）

立节可为千载道；

天文历法的奥秘

还记得数星星的孩子张衡吗？没错，他是我国古代杰出的文学家和科学家。

我们的祖先，也曾向这样抬起头，观察着日月星辰的移走，逐步掌握了它们的规律。你可知道，当你在计算时间时，所用到的“日、月、年”等字眼儿，就是古人依据天象规律而命名的呢？

古人“日出而作，日落而息”就是根据太阳的起落来进行的，太阳东升西落造成了日夜交替，因此，古人非常崇敬太阳，并把太阳出现和消失这一个周期称为“日”，这也是人们最早认识的时间单位。

我国古代农耕社会，农忙时节，人们在夜里也会辛勤劳作了，这时候，皎洁的月光照耀大地，静静地陪伴着勤劳的人们，而人们也终于发现，原来月亮的阴晴圆缺也是有规律可循的，有一个三十天左右的周期，于是每三十天，便被人们称为“月”。

农业生产活动还依赖于天气，在日复一日、月复一月的劳作之中，人们开始注意到寒冬酷暑的交替，发现了动物的迁徙、各类植物开花、结果的现象之间存在着更长的周期规律，通过记录和计算，人们得出了十二个月便是 “年”的结论。并把适于万物复苏、最适应播种的春天作为每一年的起始。

中国劳动人民还动用他们的智慧发现了季节更替之中，天气、耕种活动在时间变化中的规律，总结出了二十四个节气，来帮助安排农业生产活动。

这二十四个节气便是：

正月：立春、雨水　二月：惊蛰、春分　三月：清明、谷雨　四月：立夏、小满

五月：芒种、夏至　六月：小暑、大暑　七月：立秋、处暑　八月：白露、秋分

九月：寒露、霜降　十月：立冬、小雪　十一月：大雪、冬至　十二月：小寒、大寒。

你能把它们都记住吗？有一首歌谣，能够帮助你快速地记住它哦：春雨惊春清谷天，夏满芒夏暑相连，秋处露秋寒霜降，冬雪雪冬小大寒。

天文知识丰富多彩，非常有趣。我们现在喜欢用星座来猜测自己的运势，其实，很早以前，我们的祖先已经会夜观天象，来揣测即将发生的大事呢！三国时期，吴国就有了古星象图，人们在星空中发现了1465颗位置相对固定的星星，并为星空划定了固定的区域，被称为二十八宿。这二十八星宿围绕着天体，并不停地运转，昼夜交替，月亮圆缺，春夏秋冬的变化与之有密切的联系。通过对它们运行规律的研究，也就出现了推论时日吉凶的方法。我们周边是不是有“看流星许愿”的说法呢，浩瀚无边的星空，寄托着人们对美好生活的无限憧憬。

你能找到夜空里最明亮的金星吗？你能辨认出北斗七星的形状吗？晴朗的夜空，我们不妨也抬起头来，去探索星空的奥秘吧。

附录：亲子共读

我能将这段诗文的大意或典故讲给家长听。（涂红花朵表示）

第1课　家长评一评：很好　好　须努力

第2课　家长评一评：很好　好　须努力

第3课　家长评一评：很好　好　须努力

第4课　家长评一评：很好　好　须努力

第5课　家长评一评：很好　好　须努力

第6课　家长评一评：很好　好　须努力

第7课　家长评一评：很好　好　须努力

第8课　家长评一评：很好　好　须努力

第9课　家长评一评：很好　好　须努力

第10课　家长评一评：很好　好　须努力

第11课　家长评一评：很好　好　须努力

第12课　家长评一评：很好　好　须努力

第13课　家长评一评：很好　好　须努力

第14课　家长评一评：很好　好　须努力

第15课　家长评一评：很好　好　须努力

第16课　家长评一评：很好　好　须努力

第17课　家长评一评：很好　好　须努力

第18课　家长评一评：很好　好　须努力

第19课　家长评一评：很好　好　须努力

第20课　家长评一评：很好　好　须努力

图书在版编目(CIP)数据

中华国学课本.第8册/张庆华主编.—北京:中华书局,2014.3
(中华诵·经典素读教程系列)
ISBN 978-7-101-09926-3

Ⅰ.中… Ⅱ.张… Ⅲ.中华文化-小学-教学参考资料
Ⅳ.G624.233

中国版本图书馆CIP数据核字(2014)第000118号

书　　名	中华国学课本　第八册
主　　编	张庆华
丛 书 名	中华诵·经典素读教程系列
责任编辑	祝安顺　白爱虎
出版发行	中华书局 (北京市丰台区太平桥西里38号　100073) http://www.zhbc.com.cn E-mail:zhbc@zhbc.com.cn
印　　刷	北京瑞古冠中印刷厂
版　　次	2014年3月北京第1版 2014年3月北京第1次印刷
规　　格	开本/889×1194毫米　1/16 印张5¼　字数12千字
印　　数	1-5000册
国际书号	ISBN 978-7-101-09926-3
定　　价	18.00元
